Impressum
Verlag: BABADADA GmbH, Nedderfeld 112 , 22529 Hamburg
Geschäftsführer / Verlagsleitung: Harald Hof
Druck: Books on Demand GmbH, In de Tarpen 42, 22848 Norderstedt

Imprint
Publisher: BABADADA GmbH, Nedderfeld 112 , 22529 Hamburg, Germany
Managing Director / Publishing direction: Harald Hof
Print: Books on Demand GmbH, In de Tarpen 42, 22848 Norderstedt, Germany

escuela

مدرسه

aula
کلاس درس
dividir
تقسیم کردن
186/2
patio
pizarra
تخته
maestro/a
معلم
papel
کاغذ
escribir
نوشتن
bolígrafo
خودکار
escritorio
میز تحریر
regla
خط کش
libro
کتاب
alumno/a
دانش آموز

cartera
کیف مدرسه

caja de lápices
جامدادی

lápiz
مداد

sacapuntas
تراش

goma de borrar
پاک کن

cuaderno de dibujo
دفتر رسم

dibujo

طراحی

pincel

قلم مو

caja de pinturas

جعبه ی آبرنگ

tijeras

قیچی

pegamento

چسب

cuaderno de ejercicios

کتاب تمرین

deberes

تکلیف خانه

número

رقم

sumar

جمع کردن

restar

تفریق کردن

multiplicar

ضرب کردن

calcular

محاسبه کردن

letra

حرف الفبا

alfabeto

الفبا

palabra

کلمه

texto

متن

leer

خواندن

tiza

گچ

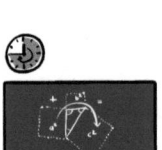

lección

درس

cuaderno de notas

ثبت نام

examen

امتحان

certificado

مدرک رسمی

uniforme escolar

لباس مدرسه

educación

تحصیلات

enciclopedia

دانشنامه

universidad

دانشگاه

microscopio

میکروسکوپ

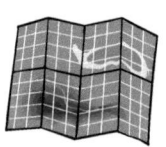

mapa

نقشه

papelera

سبد کاغذ باطله

hotel
هتل
albergue
مسافرخانه
oficina de cambio de divisas
صرافی
maleta
چمدان
coche
اتومبیل

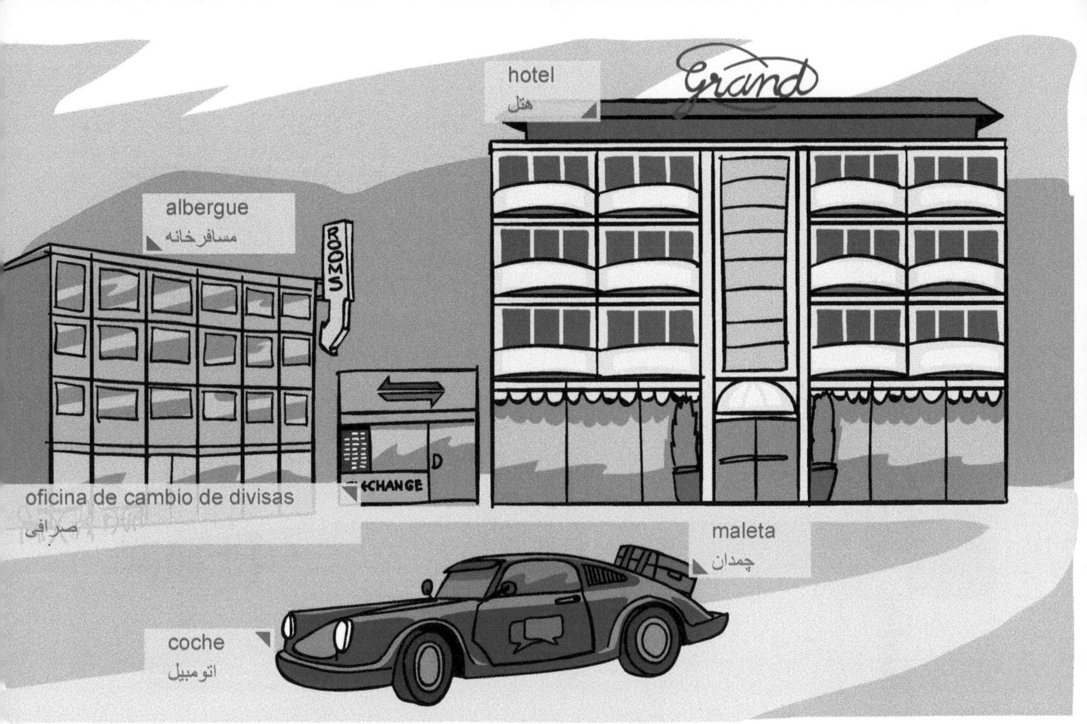

idioma

زبان

sí / no

بله / خیر

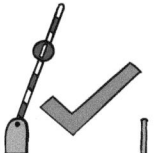

Vale

اُکی

hola

سلام

traductor

مترجم

Gracias

ممنون

¿cuánto es...?

قیمت ... چه قدر است؟

No entiendo

من متوجه نمی شوم

problema

مشکل

¡Buenas tardes!

عصر بخیر! / شب بخیر!

¡Buenos días!

صبح بخیر!

¡Buenas noches!

شب بخیر!

adiós

خدانگهدار

dirección

جهت

equipaje

بار سفر

bolsa

کیف

mochila

کوله پشتی

invitado

مهمان

habitación

اتاق

saco de dormir

کیسه خواب

tienda de campaña

خیمه

información turística

مرکز راهنمای گردشگران

playa

ساحل

tarjeta de crédito

کارت اعتباری

desayuno

صبحانه

almuerzo

نهار

cena

شام

billete

بلیط

ascensor

آسانسور

sello

مهر

frontera

مرز

aduana

گمرک

embajada

سفارتخانه

visa

ویزا

pasaporte

گذرنامه

transporte

حمل و نقل

avión
هواپیما
barco
کشتی
coche de bomberos
ماشین آتش نشانی
autobús
اتوبوس
camión
کامیون
lancha a motor
قایق موتوری
bicicleta
دوچرخه
coche
اتومبیل

transbordador

کشتی مسافربری

barca

قایق

moto

موتورسیکلت

coche de policía

ماشین پلیس

coche de carreras

ماشین مسابقه

coche de alquiler

ماشین کرایه ای

préstamo de vehículos

به اشتراک گذاری اتوموبیل

grúa

جرثقیل

camión de la basura

ماشین حمل زباله

motor

موتور

gasolina

بنزین

gasolinera

پمپ بنزین

señal de tráfico

تابلو راهنمایی و رانندگی

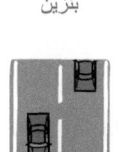

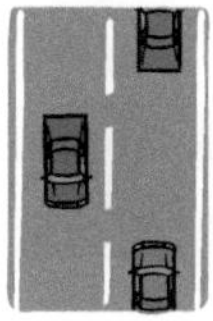

tráfico

عبور و مرور

atasco

ترافیک

aparcamiento

پارکینگ

estación de tren

ایستگاه قطار

vías

ریل راه آهن

tren

قطار

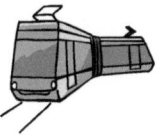

tranvía

قطار برقی

vagón

واگن

helicóptero

هلیکوپتر

aeropuerto

فرودگاه

torre

برج

pasajero

مسافر

contenedor

کانتینر

caja de cartón

کارتن

carretilla

گاری

cesta

سبد

despegar / aterrizar

به پرواز درآمدن / فرود آمدن

ciudad

شهر

pueblo

دهکده

centro de ciudad

مرکز شهر

casa

خانه

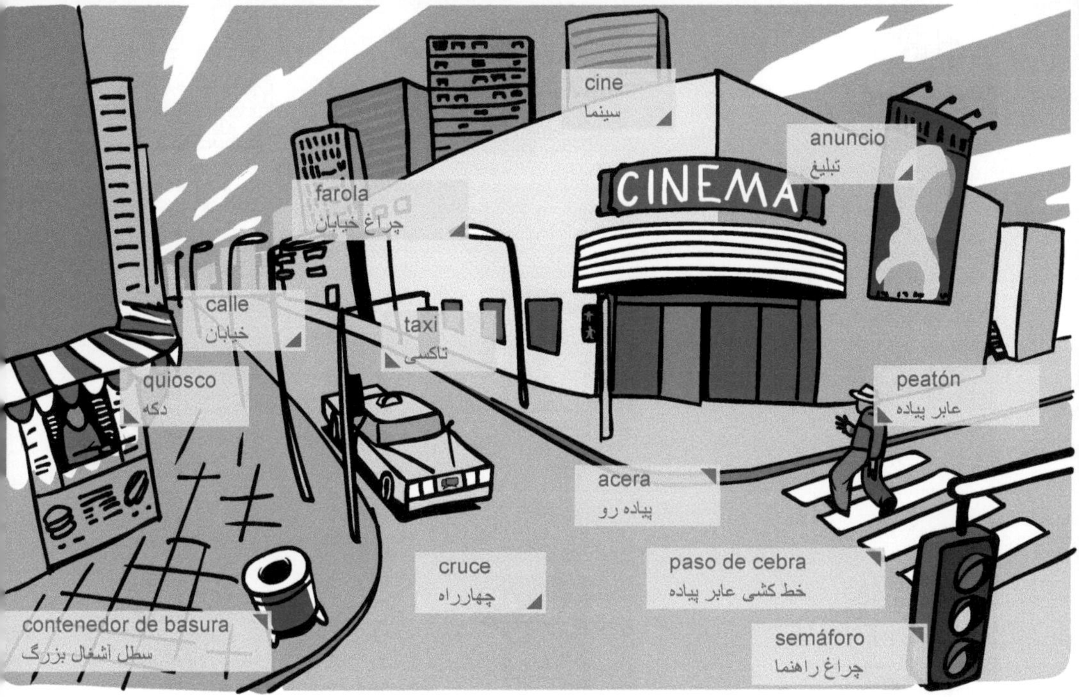

cine
سینما
anuncio
تبلیغ
CINEMA
farola
چراغ خیابان
calle
خیابان
taxi
تاکسی
quiosco
دکه
peatón
عابر پیاده
acera
پیاده رو
cruce
چهارراه
paso de cebra
خط کشی عابر پیاده
contenedor de basura
سطل آشغال بزرگ
semáforo
چراغ راهنما

cabaña

کلبه

apartamento

آپارتمان

estación de tren

ایستگاه قطار

ayuntamiento

ساختمان شهرداری

museo

موزه

escuela

مدرسه

universidad

دانشگاه

banco

بانک

hospital

بیمارستان

hotel

هتل

farmacia

داروخانه

oficina

اداره

librería

کتابفروشی

tienda

مغازه

floristería

گل فروشی

supermercado

سوپرمارکت

mercado

بازار

grandes almacenes

فروشگاه بزرگ

pescadería

ماهی فروش

centro comercial

مرکز خرید

puerto

بندر

parque

پارک

banco

نیمکت

puente

پل

escaleras

پله

metro

مترو

túnel

تونل

parada de autobús

ایستگاه اتوبوس

bar

میخانه

restaurante

رستوران

buzón

صندوق پست

poste indicador

تابلوی خیابان

parquímetro

دستگاه پارکومتر

zoo

باغ وحش

piscina

استخر شنای عمومی

mezquita

مسجد

granja

مزرعه

contaminación

آلودگی محیط زیست

cementerio

قبرستان

iglesia

کلیسا

patio de juego

زمین بازی

templo

معبد

paisaje

چشم انداز

hoja
برگ

señal
تابلوی راهنمای مسیر

camino
راه

prado
چمنزار

piedra
سنگ

árbol
درخت

excursionista
راه نورد

río
رودخانه

hierba
چمن

flor
گل

valle

دره

colina

تپه

lago

دریاچه

bosque

جنگل

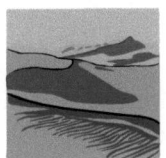

desierto

بیابان

volcán

کوه آتشفشان

castillo

قلعه

arcoíris

رنگین کمان

champiñón

قارچ

palmera

درخت نخل

mosquito

پشه

mosca

مگس

hormiga

مورچه

abeja

زنبور

araña

عنکبوت

escarabajo

سوسک

rana

قورباغه

ardilla

سنجاب

erizo

جوجه تیغی

liebre

خرگوش صحرایی

lechuza

جغد

pájaro

پرنده

cisne

قو

jabalí

گراز

ciervo

گوزن نر

alce

گوزن شمالی

presa

سد آب

turbina eólica

توربین بادی

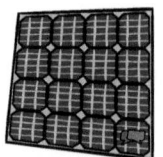

panel solar

صفحه ی خورشیدی

clima

آب و هوا

restaurante

رستوران

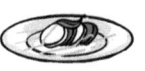

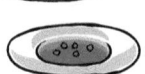

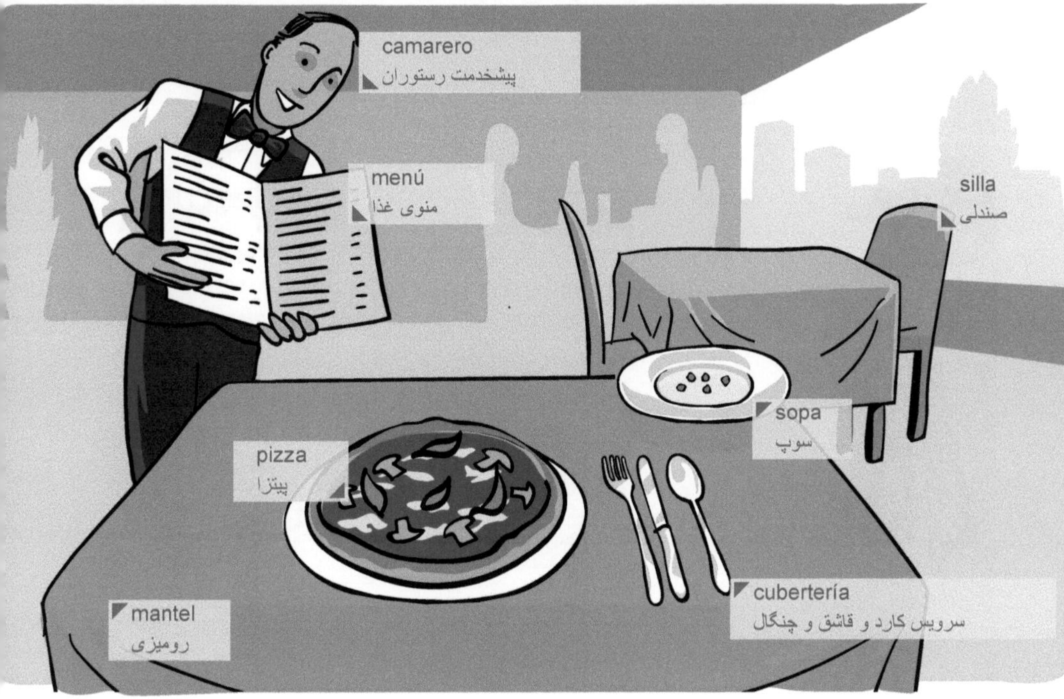
camarero
پیشخدمت رستوران
menú
منوی غذا
silla
صندلی
sopa
سوپ
pizza
پیتزا
cubertería
سرویس کارد و قاشق و چنگال
mantel
رومیزی

primer plato
پیش‌غذا

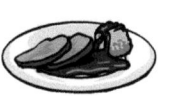

plato principal
غذای اصلی

postre
دسر

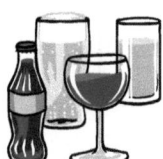

bebidas
نوشیدنی ها

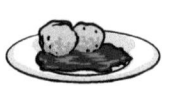

comida
غذا

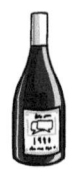

botella
بطری

comida rápida

فست فود

comida callejera

اغذیه خیابانی

tetera

قوری

azucarero

قندان

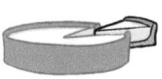

porción

پُرس غذا

cafetera expreso

دستگاه اسپرسو

trona

صندلی پایه بلند غذاخوری بچه

cuenta

صورتحساب

bandeja

سینی

cuchillo

چاقو

tenedor

چنگال

cuchara

قاشق

cucharilla

قاشق چایخوری

servilleta

دستمال سفره

vaso

لیوان

restaurante - رستوران

plato

بشقاب

plato hondo

بشقاب سوپخوری

platillo

نعلبکی

salsa

سس

salero

نمکدان

molinillo de pimienta

فلفل ساب

vinagre

سرکه

aceite

روغن خوراکی

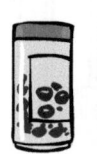

especias

ادویه جات

ketchup

سس کچاپ

mostaza

سس خردل

mayonesa

سس مایونز

supermercado

سوپرمارکت

oferta especial
پیشنهاد ویژه
cliente
مشتری
lácteos
لبنیات
fruta
میوه جات
carro de la compra
چرخ دستی خرید

carnicería

قصابی

panadería

نانوایی

pesar

وزن کردن

verduras

سبزیجات

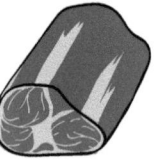

carne

گوشت

alimentos congelados

غذای منجمد

fiambres

مخلوطی از انواع کالباس یا پنیر که
ورقه ای بریده شده باشند

conservas

غذای کنسروی

detergente en polvo

پودر لباسشویی

dulces

شیرینی جات

productos de uso doméstico

لوازم خانگی

productos de limpieza

ماده شوینده و پاک کننده

vendedora

فروشنده

caja

صندوق پرداخت

cajero

صندوقدار

lista de la compra

لیست خرید

**horario de atención al
público**

ساعات کار

cartera

کیف پول

tarjeta de crédito

کارت اعتباری

bolsa

کیف

bolsa de plástico

کیسه ی پلاستیکی

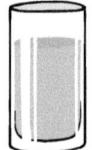

bebidas
نوشیدنی ها

agua

آب

zumo

آبمیوه

leche

شیر

cola

نوشابه کوکاکولا

vino

شراب

cerveza

آبجو

alcohol

الکل

cacao

کاکائو

té

چای

café

قهوه

expreso

قهوه اسپرسو

capuchino

کاپوچینو

plátano

موز

manzana

سیب

naranja

پرتقال

melón

انواع هندوانه و خربزه

limón

لیمو

zanahoria

هویج

ajo

سیر

bambú

نی بامبو

cebolla

پیاز

champiñón

قارچ

avellanas

آجیل

fideos

ماکارونی

espagueti

اسپاگتی

arroz

برنج

ensalada

سالاد

patatas fritas

سیب زمینی سرخ کرده

patatas fritas

سیب زمینی سرخ شده

pizza

پیتزا

hamburguesa

همبرگر

sándwich

ساندویچ

filete

شنیتسل

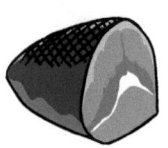

jamón

ژامبون خوک

salami

سالامی

salchicha

سوسیس

pollo

مرغ

asado

نوعی گوشت سرخ شده

pescado

ماهی

copos de avena

جوی پرک شده

muesli

نوعی صبحانه مخلوطی از برگه ذرت و
میوه های خشک شده و خشکبار که
معمولا با شیر خورده می شود

copos de maíz

کورن‌فلکس

harina

آرد

cruasán

کرواسان

panecillo

نان بروتشن

pan

نان

tostada

نان تست

galletas

بیسکویت

mantequilla

کره

cuajada

کشک

pastel

کیک

huevo

تخم مرغ

huevo frito

تخم مرغ نیمرو

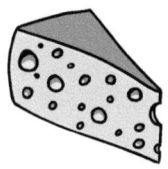

queso

پنیر

helado

بستنی

azúcar

شکر

miel

عسل

mermelada

مربا

crema de turrón

کرم شکلاتی بادامی

curry

ادویه کاری

granja
مزرعه

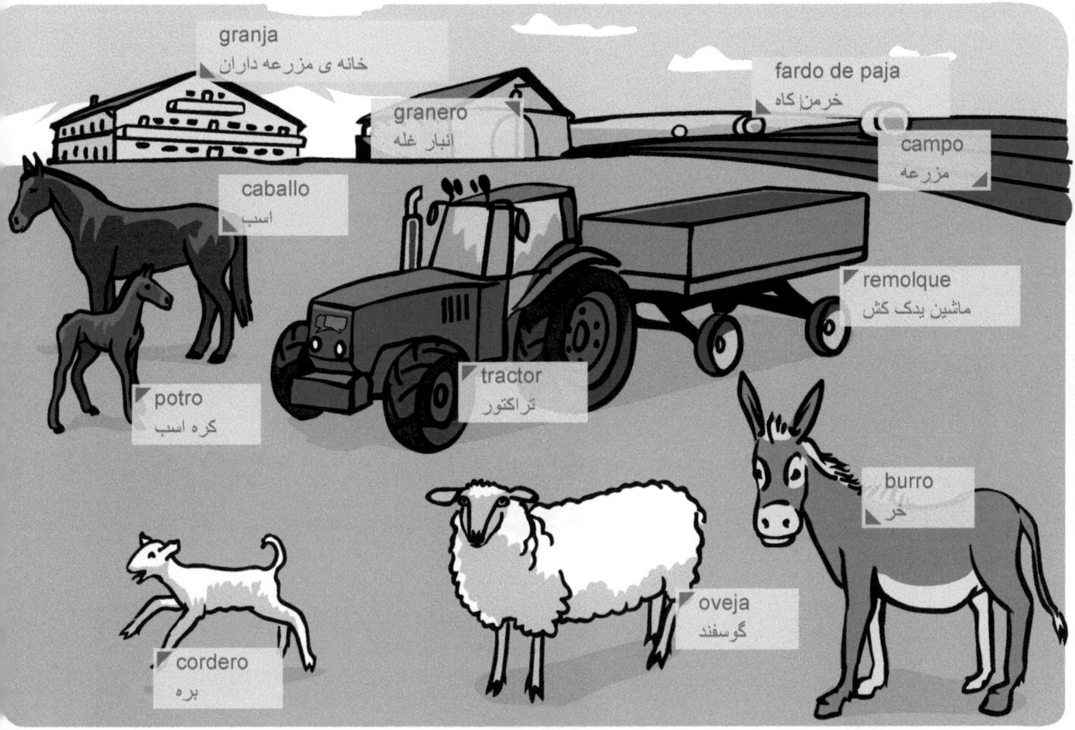
granja
خانه ی مزرعه داران
granero
انبار غله
fardo de paja
خرمن کاه
campo
مزرعه
caballo
اسب
remolque
ماشین یدک کش
tractor
تراکتور
potro
کره اسب
burro
خر
oveja
گوسفند
cordero
بره

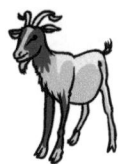

cabra
بز

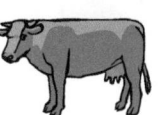

vaca
گاو ماده

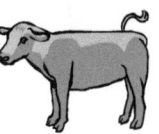

ternero
گوساله

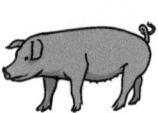

cerdo
خوک

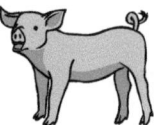

cerdito
بچه خوک

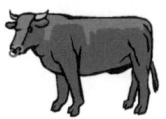

toro
گاو نر

ganso

غاز

pato

اردک

pollo

جوجه

gallina

مرغ

gallo

خروس

rata

موش صحرایی

gato

گربه

ratón

موش

buey

گاو نر اخته

perro

سگ

perrera

لانه ی سگ

manguera

شلنگ باغبانی

regadera

آبپاش

guadaña

داس دسته بلند

arado

گاوآهن

hoz

داس

azada

کج بیل

horca

چنگک باغبانی

hacha

تبر

carretilla

فرقون

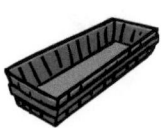

abrevadero

آبشخور

lechera

بطری نگهداری شیر

saco

کیسه

valla

حصار

establo

اصطبل

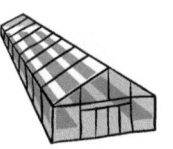

invernadero

گلخانه

suelo

خاک

semilla

بذر

fertilizador

کود

cosechadora

ماشین کمباین

cosechar

برداشت کردن محصول

cosecha

محصول

ñame

تمیس

trigo

گندم

soja

سویا

patata

سیب زمینی

maíz

ذرت

semilla de colza

کلزا

árbol frutal

درخت میوه

mandioca

گیاه مانیوک

cereales

غلات

chimenea
دودکش
tejado
پشت بام
canalón
ناودان
ventana
پنجره
garaje
گاراژ
timbre
زنگ در
puerta
در
cubo de la basura
سطل آشغال
buzón
صندوق مراسلات
jardín
باغ

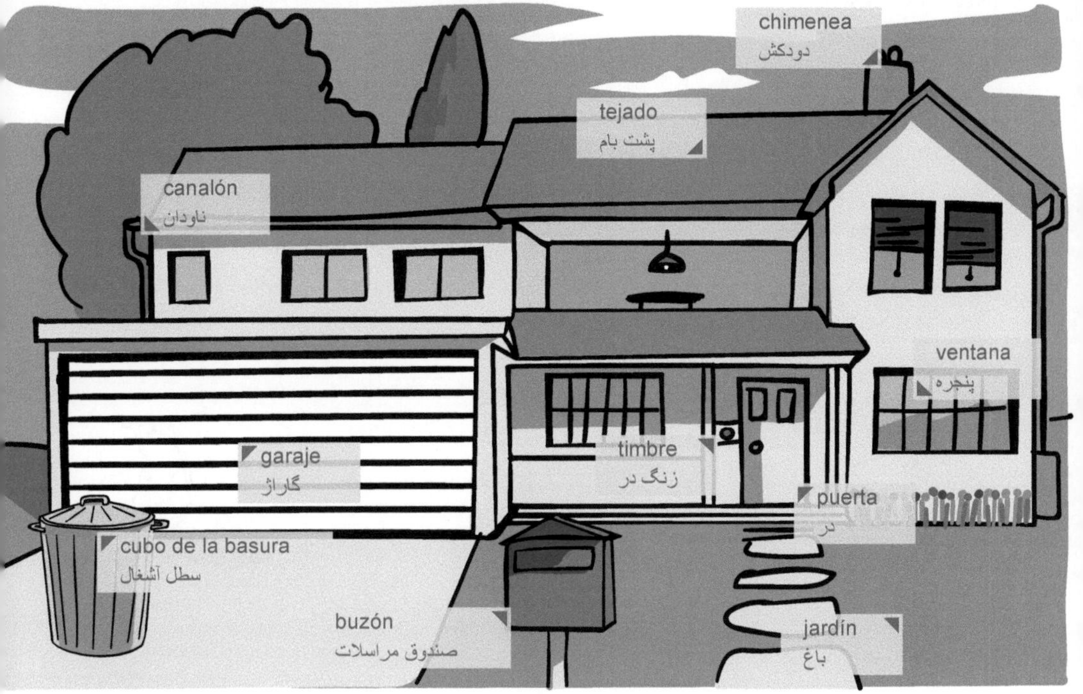

sala
....
اتاق نشیمن

cuarto de baño
....
حمام

cocina
....
آشپزخانه

dormitorio
....
اتاق خواب

habitación de los niños
....
اتاق بچه

comedor
....
ناهارخوری

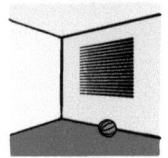

suelo

كف زمين

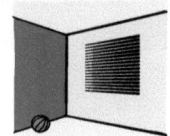

pared

ديوار

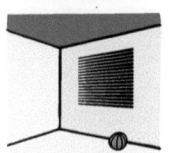

techo

سقف

sótano

زيرزمين

sauna

سونا

balcón

بالكن

terraza

تراس

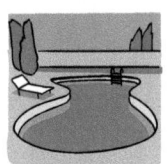

piscina

استخر

cortacésped

ماشين چمن‌زنى

sábana

ملافه

colcha

روتختى

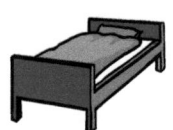

cama

تخت خواب

escoba

جارو

balde

سطل

interruptor

سويچ يا كليد

sala

اتاق نشیمن

papel pintado
کاغذ دیواری
imagen
عکس
lámpara
لامپ
estante
قفسه
armario
کابینت
televisión
تلویزیون
chimenea
شومینه
flor
گل
cojín
کوسن
sofá
کاناپه
jarrón
گلدان
mando a distancia
کنترل تلویزیون و ویدئو و غیره

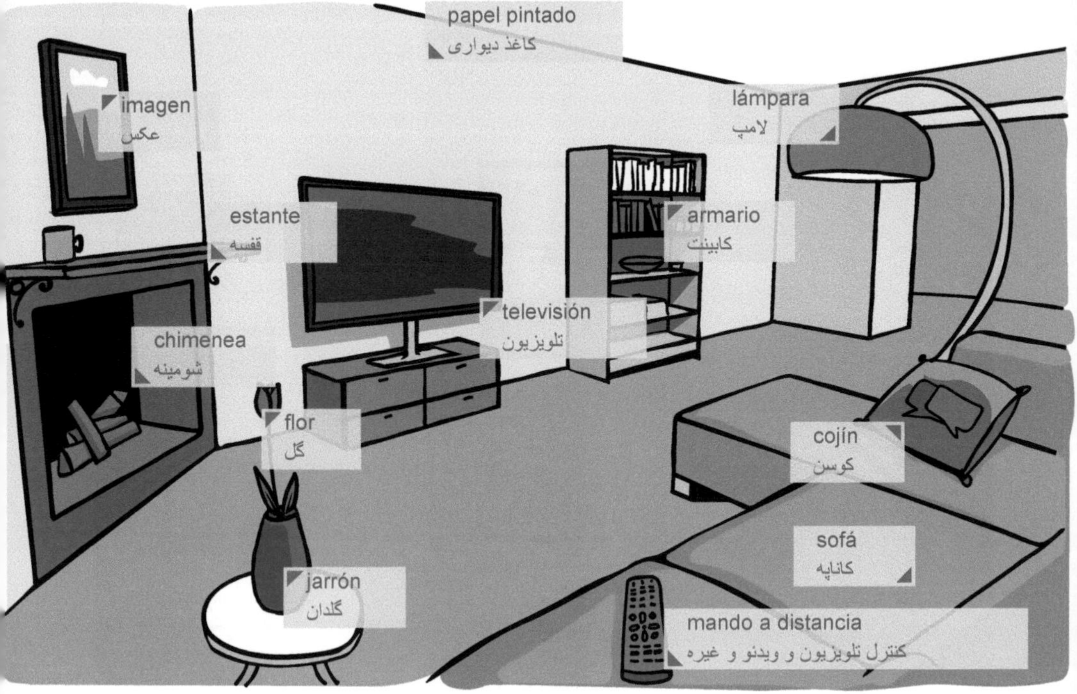

alfombra

فرش

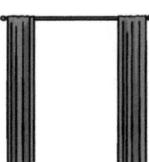

cortina

پرده

mesa

میز

silla

صندلی

mecedora

صندلی گهواره ایی

butaca

صندلی راحتی

libro

كتاب

manta

لحاف

decoración

دكوراسيون

leña

هيزم

película

فيلم

equipo de música

دستگاه ضبط صوت

llave

كليد

periódico

روزنامه

pintura

تابلو نقاشی

póster

پوستر

radio

راديو

cuaderno

دفترچه يادداشت

aspiradora

جاروبرقی

cactus

كاكتوس

vela

شمع

cocina
آشپزخانه

refrigerador
یخچال
microondas
ماکروویو
balanza de cocina
tostadora
تُستر
detergente
ماده شوینده و پاک کننده
horno
فر خوراک پزی
congelador
جایخی
cubo de la basura
سطل آشغال
lavavajillas
ماشین ظرفشویی

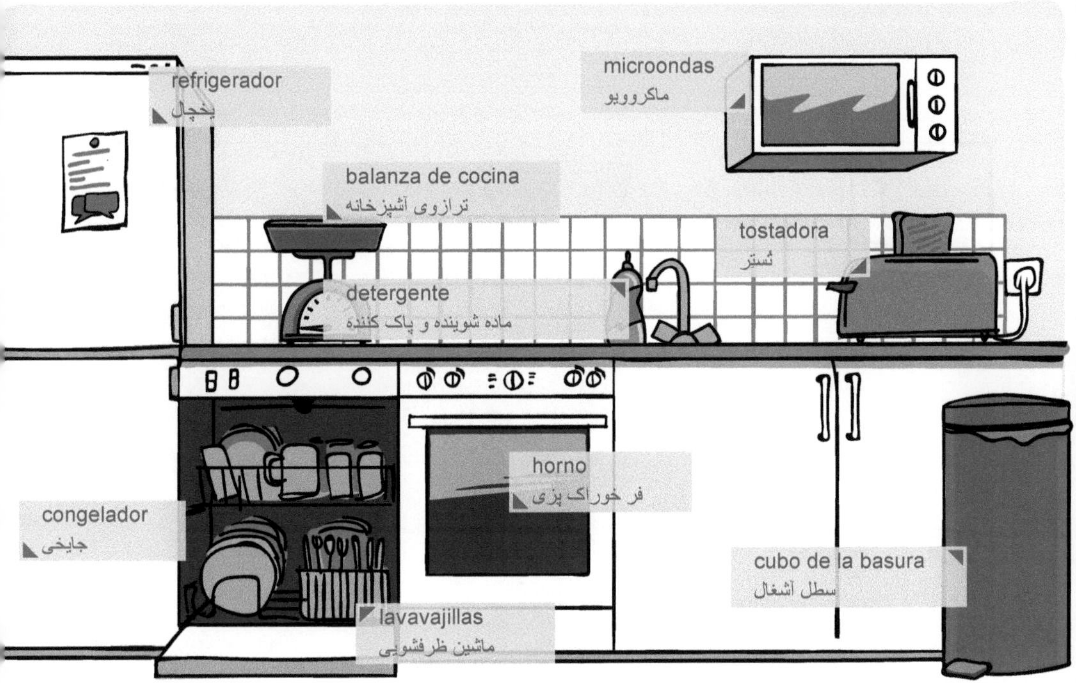

olla a presión

اجاق گاز

olla

قابلمه

olla de hierro fundido

قابلمه چدنی

wok / karahi

ماهی تابه گود

cazuela

ماهی تابه

hervidor

کتری

vaporera

بخارپز

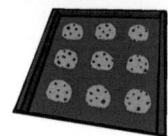

chapa de horno

سینی فر

vajilla

ظرف چینی آشپزخانه

taza

لیوان

tazón

کاسه

palillos

چاپستیک

cucharón

ملاقه

espumadera

کفگیر

batidor

همزن

colador

آبکش

cedazo

آبکش

rallador

رنده

mortero

هاون

barbacoa

باربیکیو

hoguera

محل مخصوص افروختن آتش

tabla de picar

تخته گوشت و سبزی

rodillo

وردنه

sacacorchos

در بطری بازکن

lata

قوطی

abrelatas

در قوطی بازکن

agarrador

دستگیره پارچه ای

lavabo

سینک ظرفشویی

cepillo

برس گردگیری

esponja

اسفنج

batidora

مخلوط کن

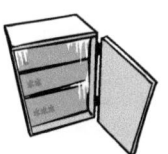

congelador

فریزر

biberón

شیشه شیر بچه

grifo

شیر آب

cuarto de baño

حمام

ducha
دوش
calefacción
بخاری
toalla
حوله
cortina de la ducha
پرده ی حمام
baño de espuma
حمام کف
bañera
وان حمام
vaso
لیوان
lavadora
ماشین لباسشویی
grifo
شیر آب
baldosas
کاشی
orinal
لگن دستشویی کودکان
lavabo
سینک ظرفشویی

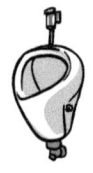

inodoro

توالت

inodoro rústico

توالت ایرانی

bidé

کاسه توالت

urinario

توالت مخصوص آقایان

papel higiénico

دستمال توالت

escobilla del váter

فرچه توالت

cepillo de dientes

مسواک

pasta de dientes

خمیردندان

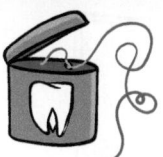

hilo dental

نخ دندان

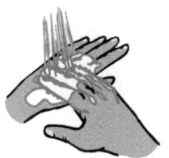

lavar

شستن

ducha de mano

دوش آب تلفنی

ducha íntima

شلنگ توالت

pila

لگن روشویی

cepillo de espalda

برس شست و شوی پشت

jabón

صابون

gel de ducha

شامپو بدن

champú

شامپو

toallita

لیف حمام

desagüe

راه آب

crema

کرم

desodorante

اسپری دئودورانت

espejo

آیینه

espejo de tocador

آیینه ی کوچک دستی

maquinilla de afeitar

تیغ ریش تراشی

espuma de afeitar

کف ریش‌تراشی

loción postafeitado

افترشیو

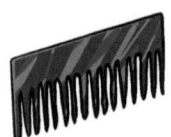

peine

شانه ی سر

cepillo

برس

secador

سشوار

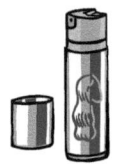

laca

اسپری مو

maquillaje

آرایش

pintalabios

رژلب

pintauñas

لاک ناخن

algodón

پنبه

cortauñas

قیچی ناخن

perfume

عطر

estuche de viaje

کیف لوازم آرایشی و بهداشتی

banqueta

چهارپایه

balanza

ترازو

albornoz

حوله ی پالتویی

guantes de goma

دستکش ظرفشویی

tampón

تامپون

compresa

نوار بهداشتی

inodoro químico

توالت سیار

habitación de los niños

اتاق بچه

despertador
ساعت زنگدار
peluche
نوعی عروسک نرم به شکل حیوانات
coche de juguete
ماشین اسباب بازی
sonajero
جغجغه
casa de muñecas
خانه ی عروسکی
regalo
کادو

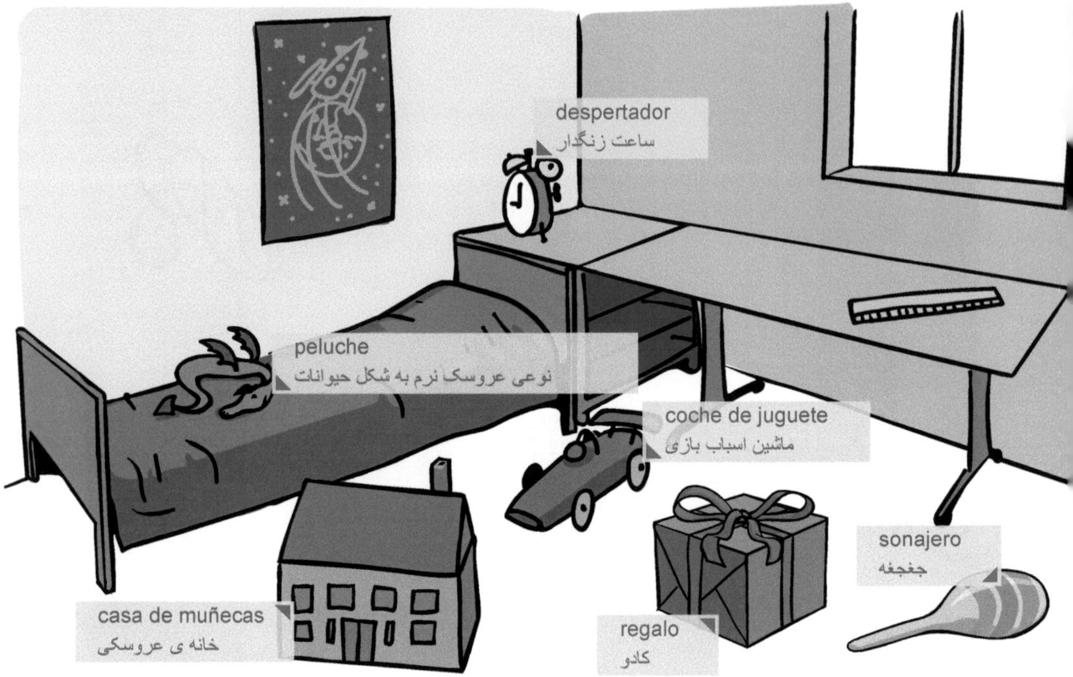

globo

بادکنک

cama

تخت خواب

coche de niño

کالسکه بچه

naipes

بازی ورق

puzle

پازل

tebeo

داستان مصور

piezas de lego

اسباب بازی لگو

bloques de juguete

خانه سازی

figura de acción

عروسک شخصیت های فیلم و کارتون

bodi (de bebé)

لباس نوزاد

frisbee

فریزبی

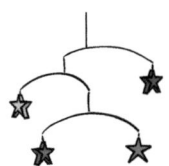

colgador móvil para bebés

نوعی اسباب بازی که روی تخت نوزاد
یا کودک نصب می شود

juego de mesa

بازی روی صفحه

dados

تاس

circuito de tren eléctrico

قطار اسباب بازی

maniquí

پستانک

fiesta

مهمانی

álbum de fotos

کتاب مصور

pelota

توپ

muñeca

عروسک

jugar

بازی کردن

cajón de arena

جعبه شنی مخصوص بازی کودکان

columpio

تاب

juguetes

اسباب بازی

videoconsola

کنسول بازی های کامپیوتری

triciclo

سه چرخه

oso de peluche

خرس عروسکی

guardarropa

کمد لباس

ropa

لباس

calcetines

جوراب

medias

جوراب زنانه ساق بلند

leotardos

جوراب شلواری

bufanda
شال

paraguas
چتر

cinturón
کمربند

camiseta
تی شرت

botas
پوتین

zapatillas
دمپایی

deportivas
کفش ورزشی کتانی

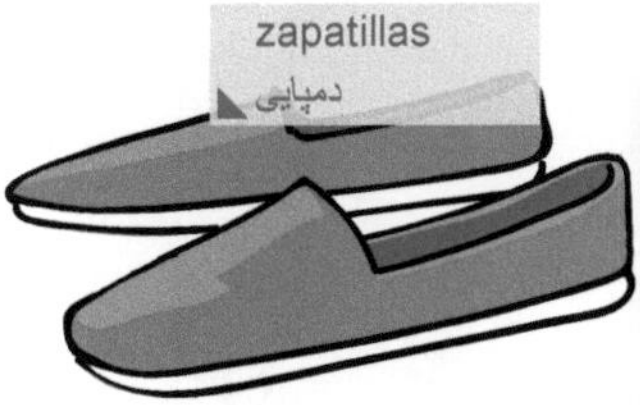

sandalias
....
صندل

zapatos
....
کفش

botas de goma
....
چکمه پلاستیکی

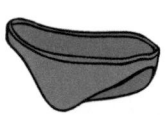

slip
....
شرت

sostén
....
سوتین

chaleco
....
جلیقه

bodi

بادی

pantalones

شلوار

vaqueros

جین

falda

دامن

blusa

بلوز

camisa

پیراهن

jersey

پولیور

suéter

سویی شرت

blazer

نوعی کت

chaqueta

ژاکت

abrigo

کت بلند

gabardina

بارانی

traje

لباس نمایش

vestido

لباس

vestido de novia

لباس عروس

traje

كت و شلوار

camisón

لباس خواب زنانه

pijama

پیژامه

sari

ساری

bandana

روسری

turbante

عمامه

burka

برقع

caftán

قبا

abaya

عبا

traje de baño

لباس شنا

bañador

شرت شنا

pantalones cortos

شلوارک

chándal

لباس ورزشی

delantal

پیشبند

guantes

دستکش

botón

دکمه

gafas

عینک

brazalete

دستبند

collar

گردنبند

anillo

انگشتر

pendiente

گوشواره

gorra

کلاه لبه دار

percha

چوب لباسی

sombrero

کلاه

corbata

کراوات

cremallera

زیپ

casco

کلاه ایمنی

tirantes

بند شلوار

uniforme escolar

لباس مدرسه

uniforme

لباس فرم

babero

پیش بند بچه

maniquí

پستانک

pañal

پوشک بچه

oficina

اداره

servidor
سرور
archivo
کمد نگهداری پرونده
papel
کاغذ
impresora
چاپگر
monitor
مانیتور
ratón
ماوس
escritorio
میز تحریر
carpeta
زونکن
teclado
صفحه کلید
papelera
سبد کاغذ باطله
ordenador
کامپیوتر
silla
صندلی

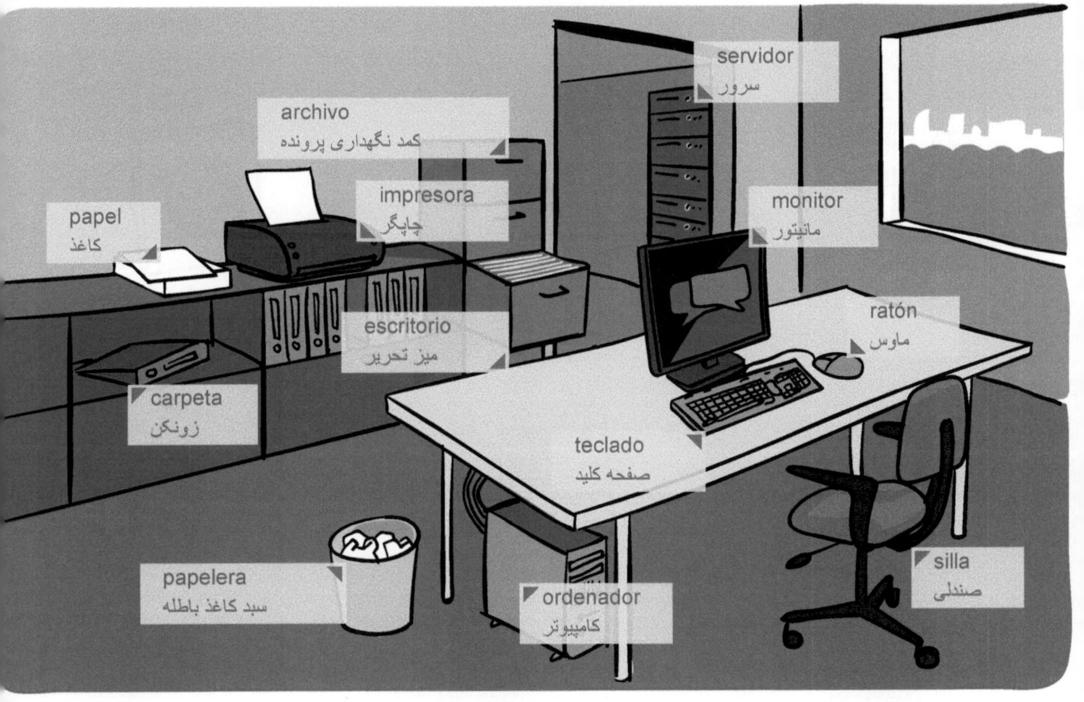

taza de café

لیوان قهوه

calculadora

ماشین حساب

internet

اینترنت

portátil

لپ تاپ

carta

نامه

mensaje

پیغام

móvil

تلفن همراه

red

شبکه ی ارتباطی

fotocopiadora

دستگاه فتوکپی

software

نرم افزار

teléfono

تلفن

toma de corriente

پریز

fax

دستگاه فاکس

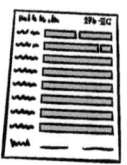

formulario

فرم

documento

مدرک

comprar
خريدن

pagar
پرداخت کردن

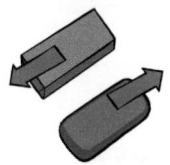

comerciar
تجارت کردن

dinero
پول

dólar
دلار

euro
يورو

yen
ين

rublo
روبل

franco suizo
فرانک سوئيس

renminbi yuan
يوان رنمينبی

rupia
روپيه

cajero automático
دستگاه خودپرداز

oficina de cambio de divisas

صرافی

oro

طلا

plata

نقره

petróleo

نفت

energía

انرژی

precio

قیمت

contrato

قرارداد

impuesto

مالیات

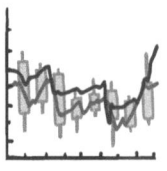

acción

سهام سرمایه

trabajar

کار کردن

empleado

کارمند

empleador

کارفرما

fábrica

کارخانه

tienda

مغازه

oficios

مشاغل

agente de policía
مامور پلیس
bombero
آتش نشان
cocinero
آشپز
médico
دکتر
piloto
خلبان

jardinero

باغبان

carpintero

نجار

costurera

خیاط زنانه

juez

قاضی

farmacéutico

شیمیدان

actor

بازیگر

conductor de autobús

راننده اتوبوس

taxista

راننده تاکسی

pescador

ماهیگیر

señora de la limpieza

نظافتچی زن

techador

سقف ساز

camarero

پیشخدمت رستوران

cazador

شکارچی

pintor

نقاش

panadero

نانوا

electricista

برقکار

obrero

کارگر ساختمانی

ingeniero

مهندس

carnicero

قصاب

fontanero

لوله کش

cartero

پستچی

soldado

سرباز

arquitecto

معمار

cajero

صندوقدار

florista

گل فروش

peluquero

آرایشگر

revisor

مامور کنترل بلیط در قطار

mecánico

مکانیک

capitán

ناخدا

dentista

دندانپزشک

científico

دانشمند

rabino

عالم یهودی

imán

امام

monje

راهب

sacerdote

کشیش

herramientas
ابزارآلات

martillo
چکش
alicates
انبردست
destornillador
پیچ گوشتی
linterna
چراغ قوه
llave
آچار

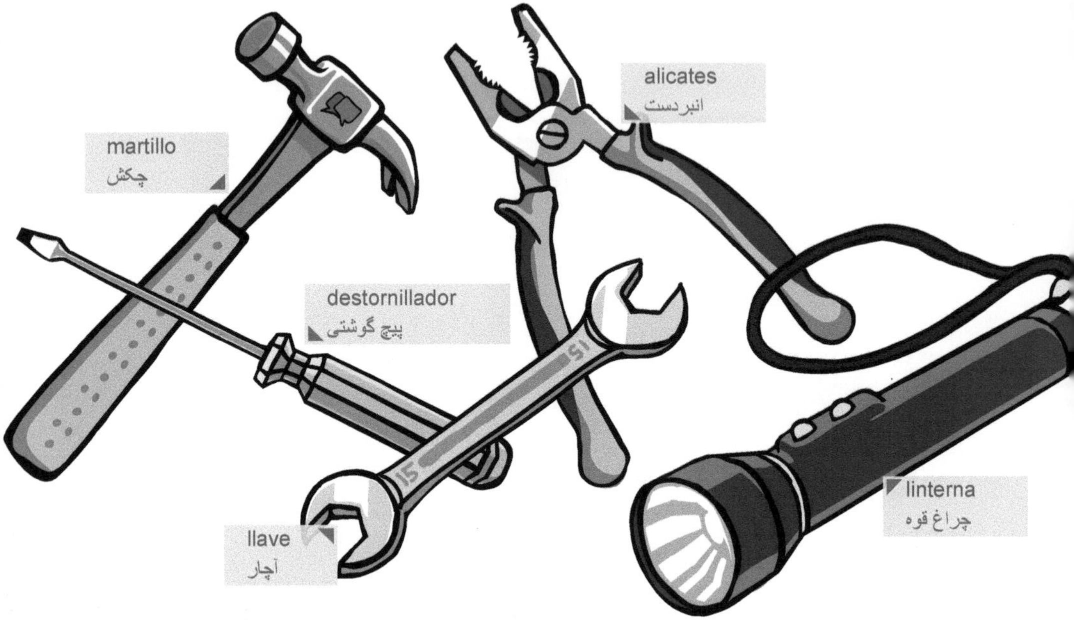

excavadora
بیل مکانیکی

caja de herramientas
جعبه ابزار

escalera de mano
نردبان

sierra
ارّه

clavos
میخ

taladro
مته

reparar

تعمیر کردن

pala

بیل

¡Maldita sea!

لعنتی!

recogedor

خاک انداز

bote de pintura

سطل رنگرزی

tornillos

پیچ

instrumentos musicales

آلات موسیقی

batería
درامز

altavoz
بلندگو

contrabajo
کنترباس

trompeta
ترومپت

guitarra
گیتار

piano

پیانو

violín

ویولن

bajo

گیتار بیس

timbales

تیمپانی

tambor

طبل

teclado

کیبورد الکتریک

saxofón

ساکسیفون

flauta

فلوت

micrófono

میکروفون

ZOO
باغ وحش

entrada
ورودی
tigre
ببر
jaula
قفس
cebra
گورخر
pienso
خوراک حیوانات
panda
خرس پاندا

animales

حیوانات

elefante

فیل

canguro

کانگورو

rinoceronte

کرگدن

gorila

گوریل

oso

خرس

camello

شتر

avestruz

شترمرغ

león

شیر

mono

میمون

flamingo

فلامینگو

loro

طوطی

oso polar

خرس قطبی

pingüino

پنگوئن

tiburón

کوسه

pavo real

طاووس

serpiente

مار

cocodrilo

تمساح

guardián de zoológico

نگهبان باغ وحش

foca

خوک آبی

jaguar

پلنگ امریکایی

poni

اسب کوچک

leopardo

پلنگ

hipopótamo

اسب آبی

jirafa

زرافه

águila

عقاب

jabalí

گراز

pescado

ماهی

tortuga

لاک پشت

morsa

شیرماهی

zorro

روباه

gacela

غزال

deportes

ورزش ها

fútbol americano
فوتبال آمریکایی
ciclismo
دوچرخه سواری
tenis
تنیس
baloncesto
بسکتبال
natación
شنا
hockey sobre hielo
هاکی روی یخ
boxeo
بوکس

fútbol

فوتبال

bádminton

بدمینتون

atletismo

دوومیدانی

balonmano

هندبال

esquí

اسکی

polo

پولو

saltar
پریدن
abrazar
بغل کردن
reír
خندیدن
caminar
راه رفتن
cantar
آواز خواندن
soñar
رؤیا دیدن
rezar
دعا کردن
besar
بوسیدن

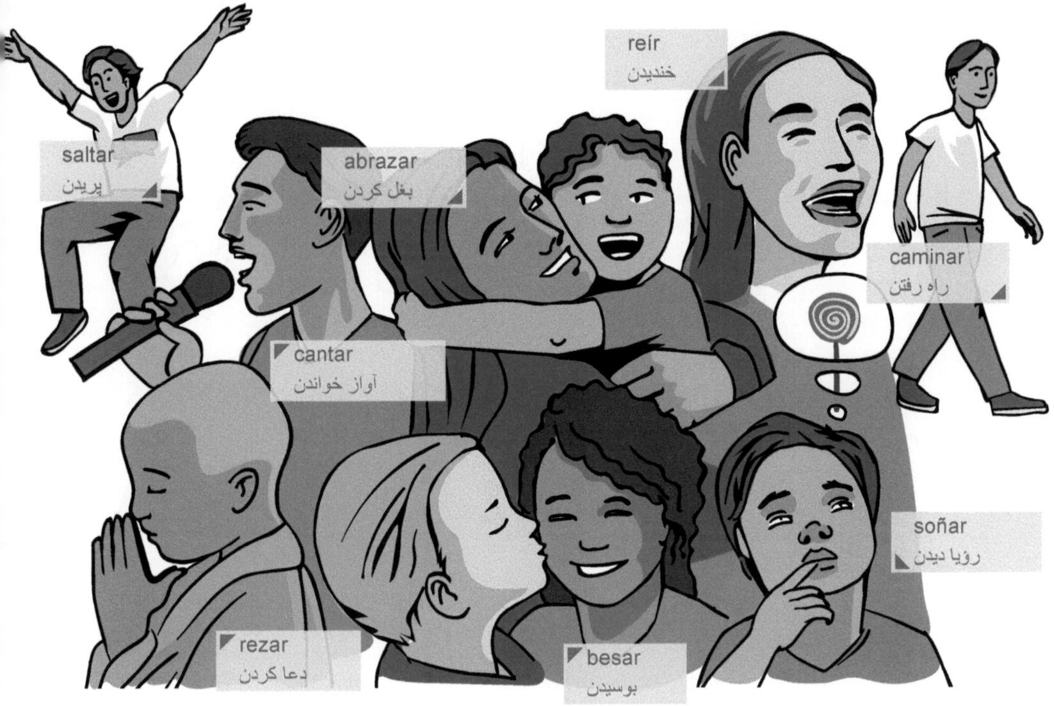

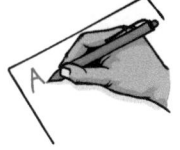

escribir
نوشتن

dibujar
رسم کردن

mostrar
نشان دادن

empujar
هل دادن

dar
دادن

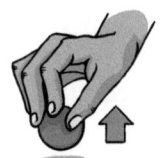

tomar
برداشتن

tener

داشتن

hacer

انجام دادن

ser

بودن

estar de pie

ایستادن

correr

دویدن

tirar

کشیدن

tirar

پرتاب کردن

caer

افتادن

yacer

دراز کشیدن

esperar

منتظر بودن

llevar

حمل کردن

estar sentado

نشستن

vestirse

لباس پوشیدن

dormir

خوابیدن

despertar

بیدار شدن

mirar

تماشا کردن

llorar

گریه کردن

acariciar

نوازش کردن

peinar

شانه کردن

hablar

حرف زدن

entender

فهمیدن

preguntar

پرسیدن

escuchar

شنیدن

beber

آشامیدن

comer

خوردن

ordenar

مرتب کردن

amar

عاشق بودن

cocinar

پختن

conducir

رانندگی کردن

volar

پرواز کردن

navegar

قایقرانی کردن

calcular

محاسبه کردن

leer

خواندن

aprender

یاد گرفتن

trabajar

کار کردن

casarse

ازدواج کردن

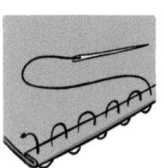

coser

دوختن

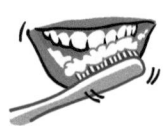

cepillarse los dientes

مسواک زدن

matar

کشتن

fumar

سیگار کشیدن

enviar

فرستادن

abuela
مادربزرگ
abuelo
پدربزرگ
padre
پدر
madre
مادر
bebé
کودک
hija
فرزند دختر
hijo
فرزند پسر

invitado
مهمان

tía
خاله، عمه

tío
دایی، عمو

hermano
برادر

hermana
خواهر

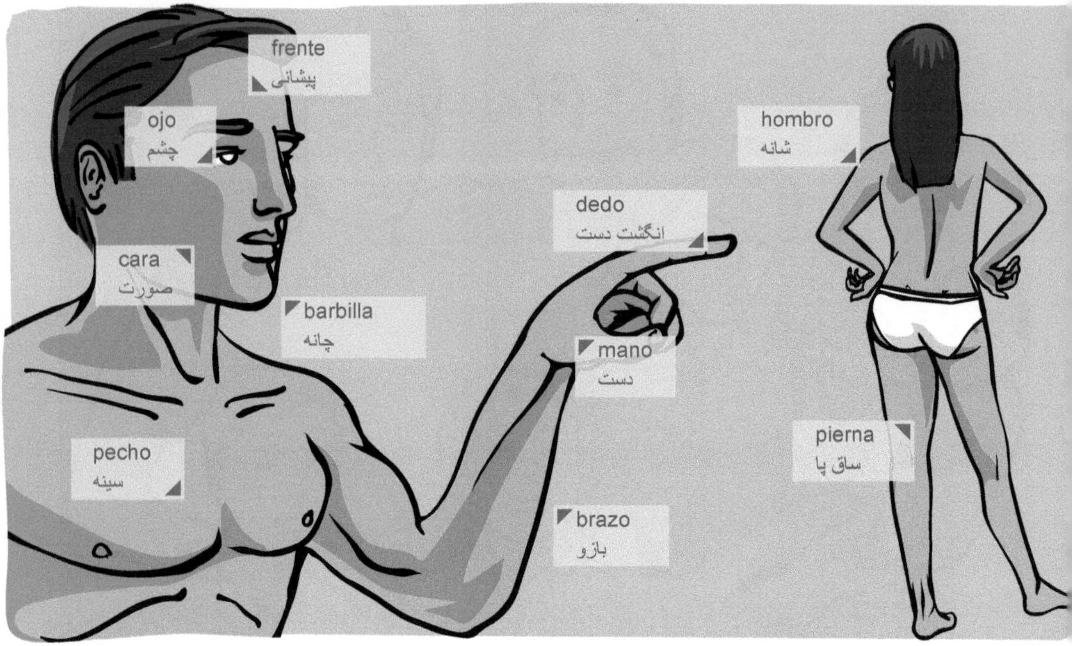

frente
پیشانی
ojo
چشم
hombro
شانه
dedo
انگشت دست
cara
صورت
barbilla
چانه
mano
دست
pierna
ساق پا
pecho
سینه
brazo
بازو

bebé
کودک

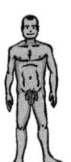

hombre
مرد

mujer
زن

chica
دختربچه

chico
پسربچه

cabeza
کله

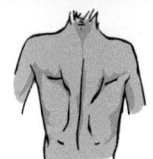

espalda

کمر

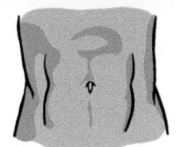

vientre

شکم

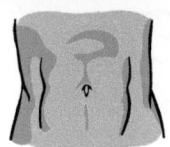

ombligo

ناف

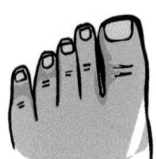

dedo del pie

انگشت پا

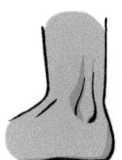

talón

پاشنه

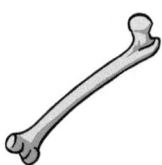

hueso

استخوان

cadera

لگن

rodilla

زانو

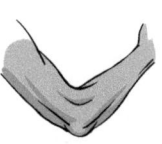

codo

آرنج

nariz

بینی

trasero

نشیمنگاه

piel

پوست

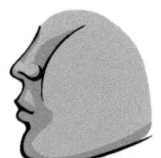

mejilla

گونه

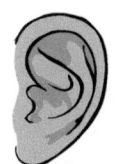

oído

گوش

labio

لب

boca

دهان

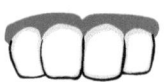

diente

دندان

lengua

زبان

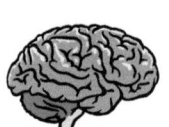

cerebro

مغز

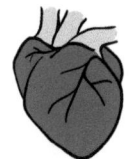

corazón

قلب

músculo

عضله

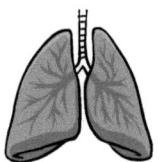

pulmón

ریه

hígado

کبد

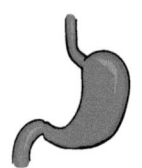

estómago

معده

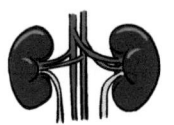

riñones

کلیه

sexo

آمیزش جنسی

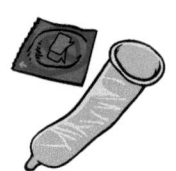

condón

کاندوم

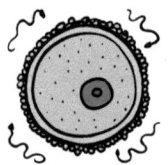

ovario

تخمک

semen

اسپرم

embarazo

حاملگی

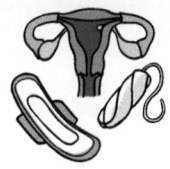

menstruación

پریود

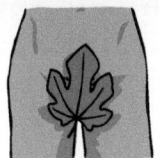

vagina

واژن

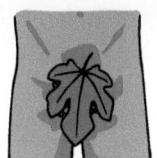

pene

آلت تناسلی مرد

ceja

ابرو

pelo

مو

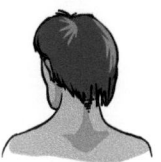

cuello

گردن

hospital
بیمارستان

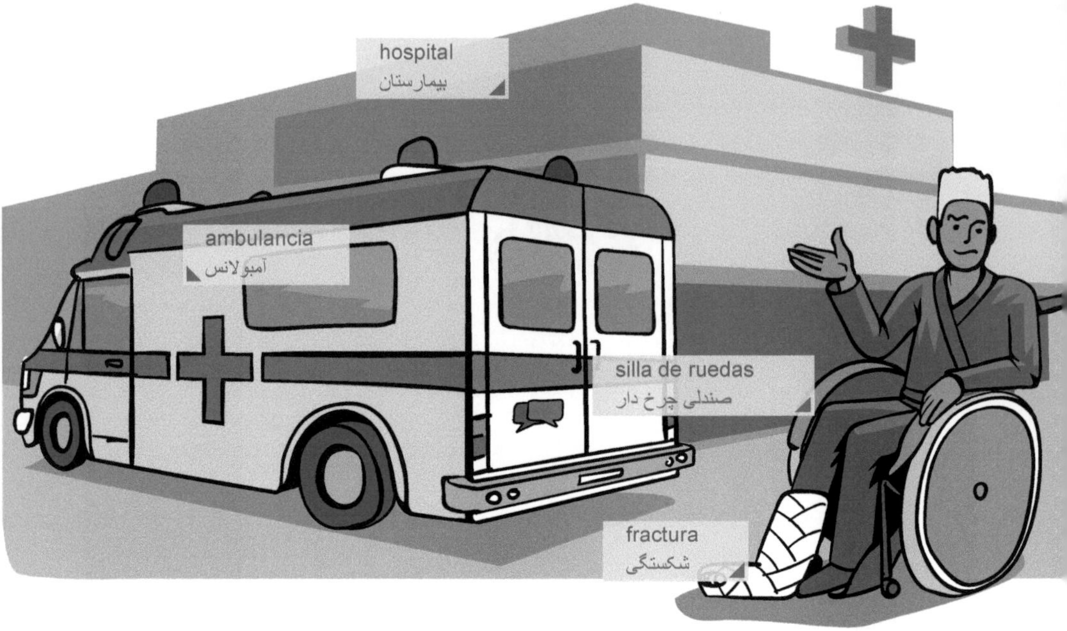

hospital
بیمارستان
ambulancia
آمبولانس
silla de ruedas
صندلی چرخ دار
fractura
شکستگی

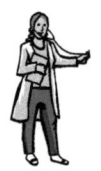

médico

دکتر

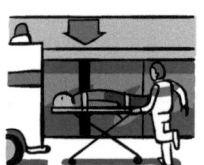

sala de urgencias

بخش اورژانس

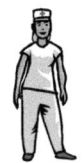

enfermera

پرستار

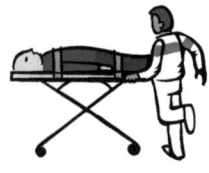

urgencia

موقعیت اضطراری

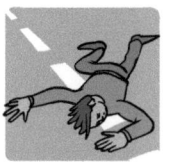

inconsciente

بی هوش

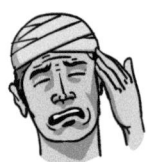

dolor

درد

lesión

مصدوميت

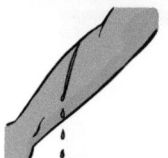

hemorragia

خونریزی

infarto

سکته قلبی

ictus

سکته مغزی

alergia

آلرژی

tos

سرفه

fiebre

تب

gripe

آنفولانزا

diarrea

اسهال

dolor de cabeza

سردرد

cáncer

سرطان

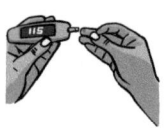

diabetes

دیابت

cirujano

جراح

bisturí

چاقوی جراحی

operación

عمل جراحی

TAC

سی تی اسکن

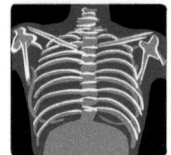

rayos x

پرتونگاری

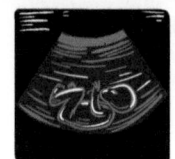

ultrasonido

سونوگرافی

mascarilla

ماسک صورت

enfermedad

بیماری

sala de espera

اتاق انتظار

muleta

چوب زیر بغل

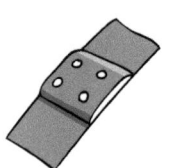

tirita

چسب زخم

venda

پانسمان

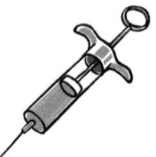

inyección

تزریق

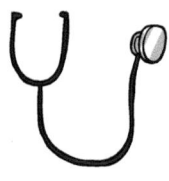

estetoscopio

گوشی طبی

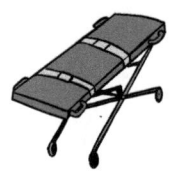

camilla

برانکار

termómetro

دماسنج

nacimiento

زایش

sobrepeso

اضافه وزن

audífono

سمعک

desinfectante

ماده ضد غفونی کننده

infección

عفونت

virus

ویروس

VIH / SIDA

اچ آی وی / ایدز

medicina

دارو

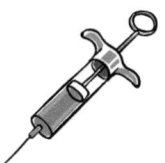

vacunación

واکسیناسیون

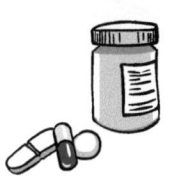

tabletas

قرص

pastilla

قرص ضد حاملگی

llamada de urgencia

تماس اظطراری

tensiómetro

دستگاه اندازه گیری فشارخون

enfermo / sano

مریض / سالم

urgencia

موقعیت اضطراری

¡Socorro!

کمک!

alarma

آژیر خطر

asalto

حمله

ataque

حمله ی فیزیکی

peligro

خطر

salida de emergencia

خروج اظطراری

¡Fuego!

آتش

extintor de incendios

کپسول آتش‌نشانی

accidente

تصادف

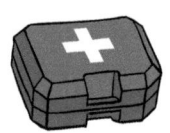

botiquín de primeros auxilios

جعبه کمک های اولیه

SOS

درخواست کمک

policía

پلیس

Europa
....
اروپا

Norteamérica
....
آمریکای شمالی

Sudamérica
....
آمریکای جنوبی

África
....
آفریقا

Asia
....
آسیا

Australia
....
استرالیا

Atlántico
....
اقیا نوس اطلس

Pacífico
....
اقیانوس آرام

Océano Índico
....
اقیانوس هند

Océano Antártico
....
اقیا نوس اطلس جنوبی

Océano Ártico
....
اقیانوس منجمد شمالی

polo norte
....
قطب شمال

polo sur

قطب جنوب

Antártida

قاره قطب جنوب

tierra

كره زمين

tierra

سرزمين

mar

دريا

isla

جزيره

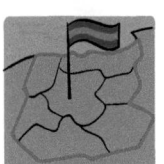

nación

ملت

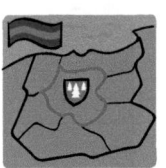

estado

كشور

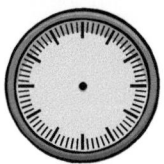

hora(s)

ساعت

esfera

صفحه ی ساعت

manecilla de las horas

ساعت شمار

minutero

دقیقه شمار

segundero

ثانیه شمار

¿Qué hora es?

ساعت چند است؟

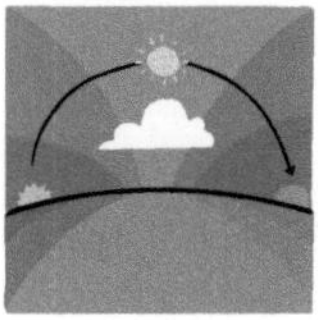

día

روز

tiempo

زمان

ahora

اکنون

reloj digital

ساعت دیجیتال

minuto

دقیقه

hora

ساعت

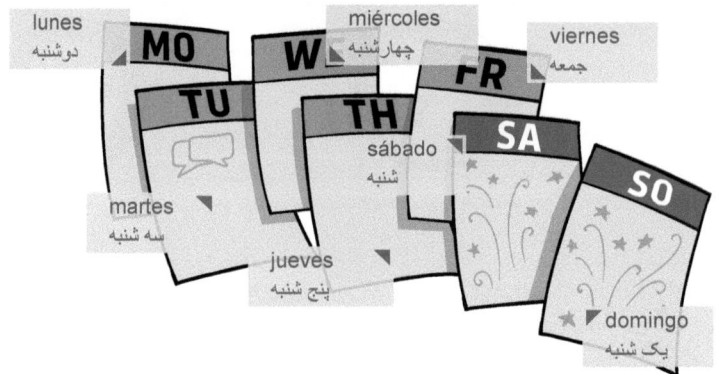

semana

هفته

SA
lunes
دوشنبه
martes
سه شنبه
miércoles
چهارشنبه
jueves
پنج شنبه
viernes
جمعه
sábado
شنبه
domingo
یک شنبه

ayer

دیروز

hoy

امروز

mañana

فردا

mañana

صبح

mediodía

ظهر

tarde

غروب

días laborables

روزهای کاری

fin de semana

آخر هفته

año

سال

lluvia
باران
arcoíris
رنگین کمان
viento
باد
nieve
برف
primavera
بهار
otoño
پاییز
verano
تابستان
invierno
زمستان

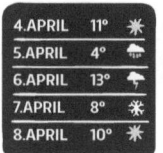

4.APRIL 11°
5.APRIL 4°
6.APRIL 13°
7.APRIL 8°
8.APRIL 10°

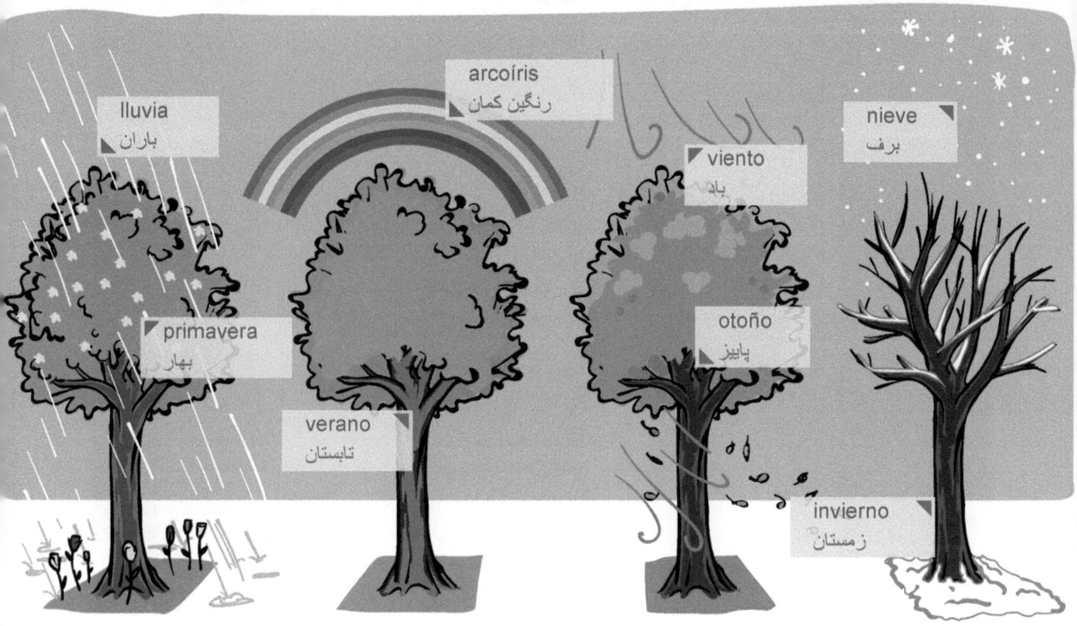

pronóstico del tiempo

پیش‌بینی اوضاع جوی

F C
120 40
90 30
60 20
30 10
0 0
-30 -10
-20

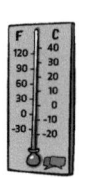

termómetro

دماسنج

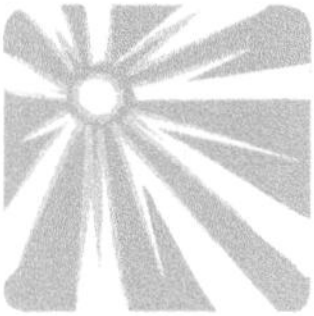

sol

تابش آفتاب

nube

ابر

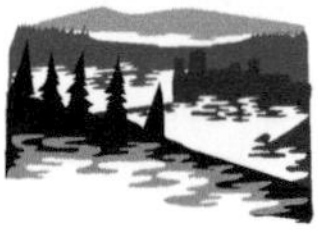

niebla

مه

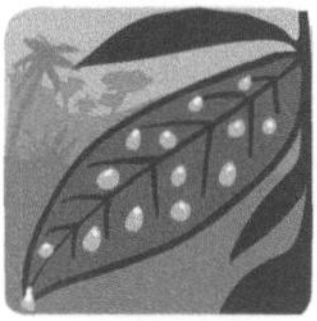

humedad

رطوبت هوا

rayo

صاعقه

trueno

آسمان غره

tormenta

طوفان

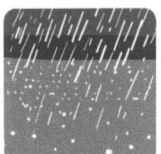

granizo

تگرگ

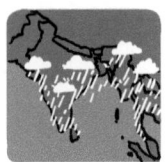

monzón

باد موسمی

inundación

سیل

hielo

یخ

enero

ژانویه

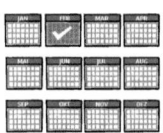

febrero

فوریه

marzo

مارس

abril

آوریل

mayo

مه

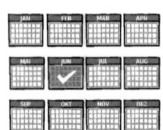

junio

ژوئن

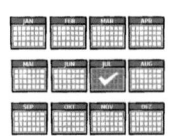

julio

ژوئیه

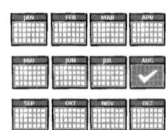

agosto

آگوست

سال - año

septiembre
سپتامبر

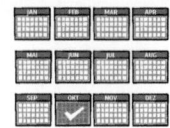

octubre
اکتبر

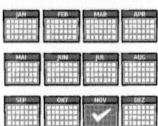

noviembre
نوامبر

diciembre
دسامبر

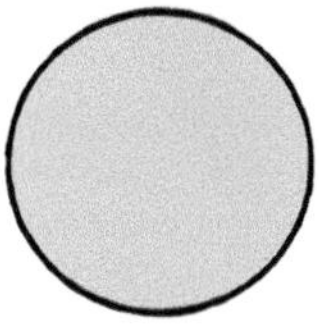

formas
آشکال

círculo
دایره

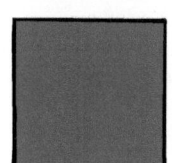

cuadrado
مربع

rectángulo
مستطیل

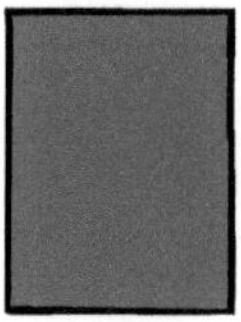

triángulo
سه گوش

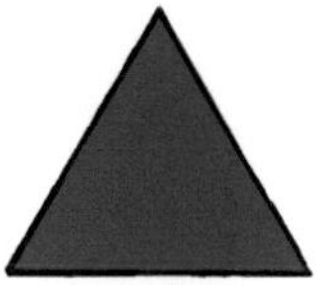

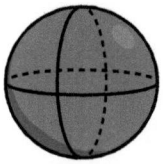

esfera
گره

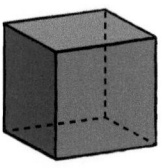

cubo
مکعب مربع

colores
رنگ ها

blanco
سفید

amarillo
زرد

anaranjado
نارنجی

rosa
صورتی

rojo
قرمز

morado
بنفش

azul
آبی

verde
سبز

marrón
قهوه ای

gris
خاکستری

negro
سیاه

opuestos

متضاد ها

mucho / poco

خیلی / کم

enojado / tranquilo

خشمگین/ آرام

bonito / feo

زیبا / زشت

principio / fin

شروع / پایان

grande / pequeño

بزرگ / کوچک

claro / oscuro

روشن / تیره

hermano / hermana

برادر / خواهر

limpio / sucio

تمیز / آلوده

completo / incompleto

کامل / ناقص

día / noche

روز / شب

muerto / vivo

مرده / زنده

ancho / estrecho

پهن / باریک

comestible / no comestible

قابل خوردن / غیر قابل خوردن

malo / amable

غضبناک / مهربان

entusiasmado / aburrido

هیجان زده / بی حوصله

gordo / delgado

چاق / لاغر

primero / último

اولین / آخرین

amigo / enemigo

دوست / دشمن

lleno / vacío

پر / خالی

duro / blando

سفت / نرم

pesado / ligero

سنگین / سبک

hambre / sed

گرسنگی / تشنگی

enfermo / sano

مریض / سالم

ilegal / legal

غیرقانونی / قانونی

inteligente / tonto

باهوش / خنگ

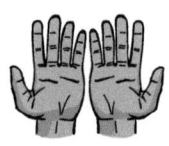

izquierda / derecha

چپ / راست

cerca / lejos

نزدیک / دور

nuevo / usado

نو / استفاده شده

nada / algo

هیچ چیز / چیزی

viejo / joven

پیر / جوان

encendido / apagado

روشن / خاموش

abierto / cerrado

باز / بسته

silencioso / ruidoso

آهسته / بلند

rico / pobre

ثروتمند / فقیر

correcto / incorrecto

درست / غلط

áspero / suave

زبر / صاف

triste / contento

غمگین / خوشحال

corto / largo

کوتاه / بلند

lento / rápido

کند / تند

húmedo / seco

تر / خشک

cálido / frío

گرم / خنک

guerra / paz

جنگ / صلح

0	**1**	**2**
cero	uno	dos
صفر	یک	دو

3	**4**	**5**
tres	cuatro	cinco
سه	چهار	پنج

6	**7**	**8**
seis	siete	ocho
شش	هفت	هشت

9	**10**	**11**
nueve	diez	once
نه	دَه	یازده

12

doce

دوازده

13

trece

سیزده

14

catorce

چهارده

15

quince

پانزده

16

dieciséis

شانزده

17

diecisiete

هفده

18

dieciocho

هجده

19

diecinueve

نوزده

20

veinte

بیست

100

cien

صد

1.000

mil

هزار

1.000.000

millón

میلیون

idiomas

زبان ها

inglés

انگلیسی

inglés americano

انگلیسی آمریکایی

chino mandarín

چینی ماندارین

hindi

هندی

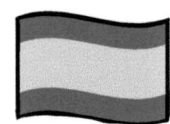

español

اسپانیایی

francés

فرانسوی

árabe

عربی

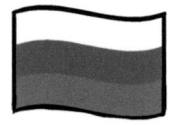

ruso

روسی

portugués

پرتغالی

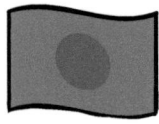

bengalí

بنگالی

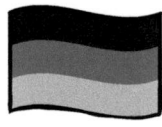

alemán

آلمانی

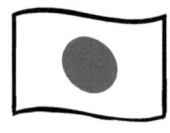

japonés

ژاپنی

quién / qué / cómo

چه کسی / چه چیزی / چگونه

yo

من

tú

تو

él / ella / ello

او

nosotros/as

ما

vosotros/as

شما

ellos/as

آنها

¿quién?

چه کسی؟ کی؟

¿qué?

چی؟

¿cómo?

چگونه؟

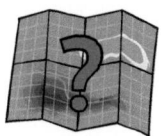

¿dónde?

کجا؟

¿cuándo?

کِی؟

nombre

نام

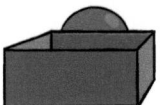

dónde
کجا

detrás

پشت

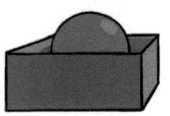

en

توی

delante de

جلو

por encima de

بالای

sobre

روی

debajo de

زیر

junto a

مجاور

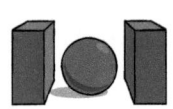

entre

بین

lugar

مکان